LAROUSSE

Dulces Besos
para niños

¡Deliciosas aventuras!

Paulina Abascal

LAROUSSE

Introducción

Paulina Abascal es una chef repostera mexicana sumamente talentosa y reconocida nacional e internacionalmente. Sus estudios y experiencia en el mundo de la repostería son extensos y muy variados. Su trayectoria la ha llevado a trabajar para grandes empresas y reconocidas personalidades; ha participado en varios programas de televisión disfrutados por miles de personas en toda Latinoamérica, y como mujer emprendedora ha tenido mucho éxito en su pastelería y en la venta de productos de repostería con su sello de excelencia. En su labor como repostera conjuga técnicas modernas y tradicionales que reflejan sus orígenes y personalidad, imprimiendo un estilo propio, prolijo y refinado a todas sus creaciones.

Sin duda alguna, el camino recorrido por Paulina Abascal está permeado por el éxito y el amor a tan dulce profesión, lo que nos lleva a preguntarnos sobre su origen. La primera vez que Paulina horneó un pastel tenía 7 años y, desde entonces, vivió momentos de alegría rodeada de ingredientes y dulces experiencias culinarias en compañía de sus seres queridos: su fascinación por el mundo de la repostería había nacido. En Larousse nos sentimos muy emocionados ante la posibilidad de despertar la curiosidad e inspirar a miles de niños a que compartan la pasión y vivan las mismas increíbles experiencias que Paulina a través de sus *Dulces Besos para niños. Deliciosas aventuras.*

Este es un libro dirigido a niños, y no tan niños, quienes encontrarán recetas variadas, divertidas, frescas y muy coloridas, ilustradas con hermosas fotografías. Con la ayuda de sus padres podrán experimentar y entretenerse en la cocina con la satisfacción final de compartir sus delicias con amigos, familiares y hasta con su mascota. Paulina, en compañía de su perrita Vanila, invita a la imaginación con pequeños cuentos y alegres ilustraciones que aseguran momentos de diversión y sano entretenimiento.

Invitamos a todos los niños a que se pongan su mandil y disfruten preparando maravillosos postres y alguna que otra delicia salada, para que en poco tiempo se conviertan en los chefs de su hogar.

LOS EDITORES

Presentación

La pastelería es un mundo mágico en el cual siempre hay algo interesante por descubrir. Me da mucha emoción escribir un libro especialmente dedicado a la nueva generación de pasteleros. Espero que tú descubras como yo desde que era niña, el amor por esta profesión.

Los recuerdos de mi infancia siempre están ligados a la pastelería. Pienso en las horas que pasaba en el jardín haciendo pastelitos de lodo decorados con flores, las tardes con mi abuela haciendo galletas, o la gran producción que significaban todos los preparativos para las cenas familiares navideñas. Recuerdo también con emoción ver libros con imágenes de todo lo que quería aprender a hacer. Quiero que al ver estas páginas tengas la misma curiosidad por aventurarte en la cocina y descubrir las recetas que te acompañarán a lo largo de tu vida.

En este libro encontrarás recetas explicadas claramente paso a paso que te ayudarán a entender mejor los procesos. Hay algunas para principiantes y otras para quienes quieren aprender técnicas más complicadas. Es un libro que pueden disfrutar niños de todas las edades, incluidos sus papás. Así que adelante, escoge tu receta favorita, diviértete con los cuentos que la acompañan, y prepárate a empezar una gran aventura. ¡Vanila y yo te deseamos mucha suerte!

Paulina Abascal

Antes de entrar a la cocina

Lava tus manos con agua y jabón. Si tienes pelo largo, recógelo para que no te estorbe.

Pide ayuda a un adulto y ten mucho cuidado cuando utilices cuchillos, batidoras y hornos, así como con sartenes, cacerolas, charolas y moldes calientes.

Lava y desinfecta todas las frutas y verduras que utilices en las recetas.

Antes de empezar a preparar una receta, léela con cuidado y revisa que tengas todos los ingredientes de la lista. Determina en qué pasos de la receta puedes necesitar ayuda de un adulto, sobre todo cuando tengas que utilizar cuchillos, la estufa y el horno, y cuando tengas que manipular cosas calientes.

Asegúrate de tener suficiente tiempo para hacer la preparación.

Si vas a cocinar con tus amigos, lean bien la receta y decidan qué va a hacer cada quien.

Usa un delantal o mandil si no quieres que tu camiseta favorita acabe como muestrario de ingredientes.

Asegúrate de tener suficiente espacio limpio y ordenado para hacer tus preparaciones. Para evitar hacer mucho tiradero, un buen consejo es ir recogiendo y limpiando conforme cocinas.

Técnicas básicas

Para engrasar y enharinar un molde, puedes usar mantequilla o manteca vegetal fundida, y untarla en el molde con un papel o brocha. Después agrega un poco de harina y distribúyela por todo el molde, haciéndolo girar y dándole ligeros golpes; cuando esté bien cubierto, dale la vuelta y golpéalo para para sacudir el exceso.

Cierne siempre la harina, la cocoa y el azúcar glass pasándolos por una coladera o tamiz, les quitarás los grumos y te asegurarás que no tengan pedacitos de bolsa o algo más. Es importante para que tus postres tengan una buena consistencia.

Rompe siempre los huevos de uno en uno en un tazón y asegúrate de que no estén echados a perder antes de mezclarlos.

Antes de estirar o amasar una masa, asegúrate de que la mesa en la que estés trabajando esté limpia. Espolvoréala con un poco de harina antes de colocar encima la masa para evitar que ésta se pegue a la mesa. Espolvorea también con un poco de harina el rodillo con el que estirarás la masa.

Las charolas para hornear antiadherentes ayudan a que las delicias que vayas a hornear no se peguen y las puedas retirar de la charola fácilmente. Si no tienes de estas charolas, puedes engrasarlas y enharinarlas, o bien, cubrirlas con papel siliconado o con un tapete de silicón.

Para derretir un alimento a baño maría, pon sobre el fuego una olla o cacerola con un poco de agua; cuando el agua hierva, baja el fuego y coloca encima un tazón, cuidando que no toque el agua. Pon en el tazón el alimento que quieras derretir y mézclalo ocasionalmente hasta que tenga la consistencia que buscas.

Generalmente, para saber si un pastel o panqué están bien cocidos, debes insértales en el centro un palillo de madera largo. Si al sacarlo éste sale limpio o con algunas migajas, quiere decir que el postre ya está cocido; en cambio, si sale manchado con un poco de la mezcla, deberás continuar la cocción durante algunos minutos más. Ten cuidado, pues esta regla no aplica para los brownies.

Para saber si las galletas están cocidas, pide a un adulto que te ayude a levantar una de ellas para verlas por abajo. Si la galleta se desprende fácilmente y la base está ligeramente dorada, quiere decir que ya está lista. Cuando las galletas salen del horno están suaves, y conforme se enfrían se endurecen.

Puedes sustituir la grenetina en polvo con láminas de grenetina. 1 de ellas equivale a 2 cucharaditas o 4 gramos de grenetina en polvo. Para utilizarla, sumérgela en un tazón con agua fría durante un par de minutos; después, sácala y exprímela para retírale el exceso de agua antes de añadirla a la preparación.

Cuando utilices chocolate blanco, puedes pintarlo con tus colores favoritos para alegrar y personalizar tus decoraciones. Debes utilizar colorantes solubles en grasa, los hay en polvo o líquidos. Lo primero que debes hacer es derretir el chocolate blanco a baño maría. Agrega un poco del colorante que desees y mezcla hasta obtener un color uniforme, si quieres un color más intenso agrega un poco más de colorante y mezcla nuevamente. Si utilizas colorante en polvo, deberás mezclarlo con un poco de manteca de cacao derretida antes de agregarlo al chocolate.

Cada horno es un poco diferente, el tiempo que te doy es una referencia. Si es la primera vez que preparas alguna de las recetas, rectifica la cocción de lo que hayas horneado antes de retirarlo del horno. Si aún no está bien cocido, continúa la cocción durante algunos minutos más y vuelve a revisar; en cambio, si se ha cocido de más, anota en algún lado que la próxima vez que prepares esa receta deberás disminuir el tiempo de cocción.

Cuando estés haciendo algún batido, como acremar, o batir huevos, dales todo el tiempo que necesitan para llegar al punto perfecto. Igualmente si debes dejar reposar en el refrigerador una masa u otra preparación, es importante dejarla el tiempo que te indico.
La pastelería es un arte que requiere paciencia.

Los tiempos

Para medir todo mejor

La pastelería es una ciencia; por lo tanto, debes trabajar con cantidades exactas, y medir o pesar todo con precisión. En las pastelerías profesionales, tenemos todos los ingredientes medidos y organizados antes de empezar a cocinar. Eso se conoce como *mise en place*, un término en francés que quiere decir tener todo en su lugar.

Con una báscula puedes pesar los ingredientes con exactitud, aunque también puedes medirlos con tazas y cucharas medidoras.

Cuando utilices tazas y cucharitas medidoras, colócales los ingredientes sin presionarlos. Para leer mejor las medidas en la taza, colócala sobre la mesa y acerca tus ojos a su nivel para leer los números sin inclinarla.

Procura utilizar tazas y cucharas medidoras estandarizadas y no las que utilizas diariamente para comer o tomar, éstas están diseñadas para medir ingredientes de manera precisa. Esto es importante en ingredientes como el polvo para hornear, medirlo mal por muy poco que sea puede ser la diferencia entre un pastel esponjosito y uno duro.

¿Por qué me gusta tanto la pastelería?

Todo empezó en la cocina de mi abuelita

La cocina de mi abuelita es un lugar mágico, donde siempre descubro algo divertido.

Lo más importante ahí es un antiguo cofre en el que guarda sus recetas. Esa tarde las hojeaba, cuando, inesperadamente, una de ellas saltó, dejando una estela de azúcar. Era la receta de mis galletas favoritas.

Los utensilios de los cajones comenzaron a bailar y me ayudaron a preparar la deliciosa masa. Horneamos las galletas hasta que estuvieron crujientes, les puse mermelada y las decoré con azúcar glass. ¡Las galletas volaron por la casa!

Algún día, en ese cofre guardaré también las recetas que inventaré. Así es la historia de las familias, cada quien va escribiendo sus recetas, formando un tesoro que se compartirá a través de los años.

Galletas con ventana

Ingredientes para 25 galletas de 5 cm

2½ tazas (350 g) de harina cernida
½ cucharadita (2 g) de sal
1 taza (120 g) de azúcar glass cernida
⅔ de taza (130 g) de mantequilla
  a temperatura ambiente
1 cucharada (15 ml) de extracto
  de vainilla
1 huevo (50 g)

Para decorar

azúcar glass al gusto
tus mermeladas favoritas de fruta,
  al gusto

Utensilios especiales

Batidora eléctrica con pala
(opcional), rodillo, 1 cortador
para galletas circular de
5 cm de diámetro, cortadores
pequeños con tus diseños
favoritos y charolas para hornear
antiadherentes.

Procedimiento

1. Precalienta el horno a 180 °C. Mezcla la harina cernida con la sal.

2. Coloca en una mesa, o en el tazón de la batidora, el azúcar glass, la mantequilla, el extracto de vainilla y el huevo. Mézclalos con las manos o bátelos hasta obtener una preparación uniforme. Incorpora poco a poco la harina hasta obtener una masa, pero no la amases demasiado. Introdúcela en una bolsa de plástico y refrigérala durante 1 hora.

3. Extiende la masa con el rodillo y forma discos con el cortador circular. Retira el centro a la mitad de los discos con los cortadores pequeños; éstas serán las ventanas.

4. Forma una bola de masa con los recortes que te hayan sobrado. Refrigérala 20 minutos y vuélvela a extender para formar más discos.

5. Pon todos los discos de masa en las charolas y refrigéralos durante 15 minutos.

6. Hornéalos a 180 °C durante 8 minutos o hasta que se despeguen fácilmente de la charola, pero sin dorarse.

7. Espolvorea con azúcar glass las galletas con ventana mientras sigan tibias.

8. Pon una cucharadita de mermelada al centro de las galletas sin ventana y cúbrelas con el resto.

Gelatina de crema de avellana con chocolate

Ingredientes para 6 gelatinas

2 cucharadas (16 g) de grenetina en polvo
½ taza (120 ml) de agua
1 taza (240 ml) de leche
1 taza (240 ml) de leche evaporada
⅔ de taza (180 g) de crema de avellanas con chocolate
+ cantidad al gusto para decorar

Procedimiento

1. Combina la grenetina con el agua y déjala reposar.

2. Coloca en una cacerola las leches y ponla sobre fuego bajo. Añade la crema de avellanas y mézclala hasta que se disuelva.

3. Retira la cacerola del fuego, agrega la grenetina y mézclala hasta que se disuelva.

4. Vacía la preparación en los vasos o moldes y refrigéralos hasta que las gelatinas cuajen.

5. Decóralas con un poco de crema de avellanas con chocolate.

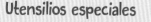

Utensilios especiales

6 vasos o moldes con capacidad para ½ taza.

Pastel de doble chocolate

Ingredientes para 1 pastel de 3 capas de 22 cm de diámetro

Panes de chocolate

¾ de taza + 1 cucharada (80 g) de cocoa
1½ tazas (360 ml) de agua tibia
2 cucharadas (30 ml) de extracto de vainilla
1¾ tazas (350 g) de mantequilla a temperatura ambiente
1⅓ tazas (270 g) de azúcar
⅔ de taza (140 g) de azúcar mascabado
4 huevos (200 g)
2½ tazas (350 g) de harina
3 cucharaditas (6 g) de polvo para hornear
½ cucharadita (2 g) de sal

Betún de chocolate

3½ tazas (420 g) de azúcar glass
⅔ de taza (67 g) de cocoa
¾ de taza + 2 cucharadas (180 g) de mantequilla a temperatura ambiente
½ taza (120 ml) de leche

Procedimiento

Panes de chocolate

1. Precalienta el horno a 180 °C.

2. Combina la cocoa con el agua tibia y el extracto de vainilla hasta obtener una mezcla sin grumos y déjala enfriar.

3. Bate la mantequilla con ambos azúcares, utilizando una pala, durante 5 minutos o hasta que la mezcla esté pálida y esponjosa.

4. Añade los huevos de uno en uno, incorporándolos a la mezcla antes de agregar el siguiente.

5. Cierne la harina con el polvo para hornear y la sal e incorpórala a la mezcla de mantequilla, alternando, en tres partes, con la mezcla de cocoa.

6. Distribuye la preparación en los 3 moldes y hornéalos durante 20 minutos o hasta que estén cocidos. Déjalos enfriar.

Betún de chocolate

1. Cierne el azúcar glass con la cocoa.

2. Bate la mantequilla hasta que esté suave. Agrega la mezcla de azúcar y cocoa y mezcla hasta obtener una preparación homogénea.

3. Añade poco a poco la leche hasta que obtengas una consistencia untable; es probable que no necesites agregar toda la leche.

Montaje

1. Desmolda los panes y hazles, con el cuchillo de sierra, un corte horizontal en la parte superior para emparejarlos.

2. Coloca un pan en un platón, úntale con la espátula una cuarta parte del betún y cúbrelo con otro pan; unta éste con la misma cantidad de betún y cúbrelo con el pan restante. Cubre la superficie y los lados del pastel con el betún restante.

Utensilios especiales

3 moldes para pastel circulares, de 22 cm de diámetro, engrasados y enharinados; cuchillo de sierra y espátula larga.

Un día en el mercado

¡Me encanta ir al mercado!

Hay enormes torres de frutas con miles de formas y colores. Doña Juanita tiene el puesto con las torres más altas, desde arriba asoma su cara y me da probaditas de todo, mientras aprendo de dónde vienen tantas cosas ricas.

Aquel día, Vanila me ayudaba con la canasta, de repente, salió corriendo tras otro perrito travieso y tiró las torres de frutas de doña Juanita. ¡Tardamos horas en volverlas a acomodar!

Para agradecer a doña Juanita su paciencia, le preparé jarabes de frutas para que hiciera unos deliciosos raspados. "Cuando se trata de cocinar con frutas, me dijo sonriendo, ¡no hay como disfrutar de su sabor y dulzura natural!"

Dulce de mango

Ingredientes para 1 postre cuadrado de 20 cm

5 mangos pelados y sin semilla
 (1.250 kg)
1 lata (397 g) de leche condensada
2 cucharadas (30 ml) de jugo
 de limón
1 paquete (170 g) de galletas marías

Procedimiento

1. Corta 2 mangos en cubos pequeños y resérvalos.

2. Licua los mangos restantes con la leche condensada y el jugo de limón hasta que obtengas una mezcla sin grumos.

3. Forma una capa de galletas en el fondo del refractario, cúbrelas con un poco de la mezcla de mango con leche y distribuye algunos cubos de mango. Repite este paso, formando capas hasta terminar con todos los ingredientes.

4. Refrigera el dulce durante 20 minutos como mínimo antes de servirlo.

Utensilios especiales

1 refractario cuadrado
de 20 cm.

Raspados de frutas

Ingredientes
para 12 raspados

12 tazas de hielo molido

Jarabe de zarzamora

2 tazas (330 g) de zarzamoras
⅔ de taza (160 ml) de agua
⅓ de taza (65 g) de azúcar

Jarabe de tamarindo

1 taza (300 g) de tamarindos pelados
2 tazas (480 ml) de agua
⅓ de taza (65 g) de azúcar

Jarabe de guanábana

1 taza (230 g) de pulpa de guanábana
   sin semillas
½ taza (135 g) de leche condensada

Procedimiento

Jarabe de zarzamora

1. Licua las zarzamoras con el agua y cuela la mezcla.

2. Coloca en una cacerola el agua de zarzamora con el azúcar y ponla sobre el fuego. Deja hervir la preparación hasta que se espese ligeramente. Déjala enfriar.

Jarabe de tamarindo

1. Hierve los tamarindos con el agua hasta que estén suaves y pásalos a través de un colador de malla fina para quitarles las semillas.

2. Hierve el agua de tamarindo con el azúcar, siguiendo el paso 2 del jarabe de zarzamora.

Jarabe de guanábana

1. Licua la pulpa guanábana con la leche condensada.

Raspados de frutas

Sirve el hielo molido en vasos y báñalo con los jarabes al gusto.

El primer día de Clases

No me gusta el primer día de clases.

Acabaron las vacaciones y no sabía con quién me tocaría estar en el salón. Estaba preocupada; entonces, mi mamá sugirió cocinar para mis amigos. ¡Eso sí me dio gusto!

Preparamos manzanas, barritas y unos lindos rehiletes de jamón y queso; cuando se terminaron de hornear, yo ya tenía sueño.

El primer día fue horrible, tenía una maestra enojona y mis amigos estaban en otro salón. Al abrir mi lonchera, saqué mis rehiletes y salí volando con ellos. Reí mucho. La maestra gritaba, tratando de alcanzarnos; ¡qué aventura!

Oí a Vanila ladrar y mamá dijo: "Pau, levántate, ya llegó el camión". Estaba soñando, pero supe que todo iba a salir muy bien.

Rehiletes de jamón y queso

Ingredientes
para 6 rehiletes

¾ de taza (140 g) de queso crema
 a temperatura ambiente
½ taza (50 g) de jamón picado
 muy finamente
⅓ de taza (30 g) de queso chihuahua
 o cheddar amarillo, rallado
150 g de pasta hojaldre
gotas de salsa picante, al gusto

Para decorar

1 huevo (50 g) mezclado con
 1 cucharada (15 ml) de agua
2 cucharadas (25 g) de queso
 parmesano rallado

Procedimiento

1. Combina el queso crema con el jamón, el queso rallado y salsa picante al gusto. Forma 6 bolas pequeñas con el relleno.

2. Extiende la pasta hojaldre con el rodillo y córtala en 6 cuadros de 12 centímetros por lado.

3. Haz 1 corte diagonal de cada una de las puntas de los cuadros hacia el centro de los mismos, pero sin cortar el centro. Dobla las puntas hacia el centro, intercalando, una punta sí, y una punta no, para formar los rehiletes.

4. Pon las bolas de queso sobre el centro de cada uno de los rehiletes y barnízalos con la mezcla de huevo. Colócalos en la charola y refrigéralos mínimo durante 30 minutos.

5. Precalienta el horno a 190 °C.

6. Espolvorea los rehiletes con el queso parmesano rallado y hornéalos durante 20 minutos o hasta que estén cocidos y muy doraditos.

Utensilios especiales

Rodillo, cuchillo con filo, charola para hornear antiadherente y brocha.

Barritas de avena y chabacano

Ingredientes para 10 barritas

15 chabacanos deshidratados (100 g), picados finamente

⅔ de taza (70 g) de arándanos deshidratados

⅓ de taza + 1 cucharada (130 g) de mermelada de chabacano

1¾ tazas (245 g) de harina cernida

1 taza (100 g) de azúcar mascabado

1½ (5 g) cucharaditas de canela molida

½ cucharadita (2 g) de sal

¾ de cucharadita (3 g) de bicarbonato

1 taza + 2 cucharadas (140 g) de hojuelas de avena

1 taza (200 g) de mantequilla derretida

1 huevo (50 g)

1 cucharada (15 ml) de extracto de vainilla

1 taza (50 g) de malvaviscos miniatura

Utensilios especiales

1 molde cuadrado de 20 cm forrado con papel siliconado o encerado y cuchillo con filo.

Procedimiento

1. Precalienta el horno a 180 °C.

2. Mezcla los chabacanos con los arándanos. Combina la mitad de esta mezcla con la mermelada. Reserva la otra mitad.

3. Mezcla en un tazón la harina, el azúcar, la canela, la sal y el bicarbonato y, después, incorpora la avena.

4. En otro tazón, combina la mantequilla, el huevo y el extracto de vainilla. Añádelos a la mezcla de harina junto con los chabacanos y arándanos que reservaste y mezcla hasta obtener una masa.

5. Agrega la mitad de la mezcla al molde, presionándola bien para compactarla y que cubra toda la base del molde. Distribuye encima la mezcla de mermelada con frutas. Toma pequeñas porciones de la masa restante y añádelas encima de la mermelada de forma desordenada. Agrega los malvaviscos entre los huecos de masa.

6. Hornea la preparación durante 35 minutos o hasta que esté ligeramente dorada.

7. Déjala enfriar, desmóldala y córtala en 10 barras de 5 x 10 centímetros.

Manzanas para mi maestra

Ingredientes
para 10 paletas

17 chiclosos de leche (100 g)
1 cucharadita (5 ml) de agua
2 manzanas *Granny Smith* chicas
   (400 g)
¾ de taza (150 g) de chocolate
   blanco derretido

Para decorar

½ taza de chocolate oscuro
   derretido, a temperatura ambiente
cacahuates picados, chispas de
   chocolate, chochitos o tu decoración
   favorita, al gusto

Procedimiento

1. Derrite a baño maría los chiclosos con el agua, deberás obtener una salsa suave y homogénea. Conserva la salsa caliente en el baño maría, pero ten cuidado de no quemarte.

2. Corta cada manzana en 5 rebanadas de 1.5 centímetros de grosor, aproximadamente. Retírales las semillas e insértales por debajo un palito de paleta.

3. Cubre uno de los lados de cada una de las manzanas con el chocolate blanco derretido. Colócalas en las charolas y refrigéralas hasta que el chocolate se endurezca.

4. Para decorarlas, toma un poco de la salsa de chicloso con una cuchara y muévela sobre las manzanas de un lado a otro para formar hilos. Haz lo mismo con el chocolate oscuro derretido. Espolvorea después los ingredientes que desees.

Utensilios especiales

10 palos para paleta y charolas cubiertas con acetatos o papel encerado.

Una probadita de sol

¿Alguna vez has probado una fresa recién cortada?

Es como dar una mordida a un rayo luminoso de sol que explota con mil sabores en la boca. ¡Así de rico sabe!

En la hacienda de mi tío me perdí entre las hileras de plantas de fresa que daban curvas por las colinas. Era imposible cargar las canastas que había llenado; comía una fresa, y guardaba otra. Así se me fue la tarde.

De repente, llegó mi tío con su tractor para regresarme. En el camino, no lo pude resistir, las fresas parecían sonreírme y salté de nuevo a los surcos de la tierra.

Sólo oí su voz alegre diciendo: "¡Nos vemos en la casa antes de ponerse el sol! ¡Tienes mucho que cocinar con tantas fresas!"

Pastelitos fondantes de lodo

Ingredientes para 8 pasteles individuales

1½ tazas (250 g) de chocolate oscuro troceado
1¼ tazas (250 g) de mantequilla a temperatura ambiente y acremada
6 huevos (300 g)
5 yemas (100 g)
1 taza (200 g) de azúcar
1 cucharada (15 g) de extracto de vainilla
1 taza (140 g) de harina cernida
½ cucharadita de polvo para hornear

Para decorar

4 galletas de chocolate rellenas de crema (40 g), molidas finamente como si fuera tierra
2 lombrices de gomita
ramas de menta o cualquier brote comestible

Consejo

Puedes acompañar los pastelitos con fresas rebanadas y servirlos en macetas pequeñas de barro nuevas.

Utensilios especiales

8 moldes individuales de 5 cm de diámetro engrasados y enharinados.

Procedimiento

1. Precalienta el horno a 180 °C.

2. Derrite a baño maría el chocolate con la mantequilla, mezclando continuamente hasta obtener una salsa homogénea. Déjala enfriar.

3. Bate en un tazón el huevo con las yemas, el azúcar y la vainilla. Agrega el chocolate con mantequilla derretido y mezcla hasta obtener una mezcla homogénea.

4. Incorpora la harina y el polvo para hornear a la preparación anterior.

5. Distribuye la mezcla en los moldes. Hornéalos durante 11 minutos o hasta que los pastelitos se sientan suaves al centro y alrededor se vean opacos y cocidos.

6. Decóralos con la tierra de chocolate, las lombrices y ramas de menta. Sírvelos calientes.

Granizado de limonada rosa

Ingredientes
para 4 granizados

1½ tazas (360 ml) de agua
½ taza (100 g) de azúcar
1 taza (125 g) de fresas
el jugo de 2 limones amarillos
   o verdes

Para servir

1 taza (240 ml) de agua
   mineral

Procedimiento

1. Licua todos los ingredientes hasta obtener una mezcla homogénea y vacíala en moldes para hacer cubos de hielo. Congélalos durante 3 horas como mínimo.

2. Al momento de servir, licua los hielos de limonada de fresa con el agua mineral.

Tarta de fresas con queso

Ingredientes para 4 tartas de 12 cm de diámetro

16 galletas de chocolate rellenas
   de crema (160 g)
2 cucharadas (20 g) de mantequilla
   derretida
1 taza (190 g) de queso crema
   a temperatura ambiente
⅓ de taza (90 g) de leche condensada
1 vaina de vainilla abierta por la mitad
   o 1 cucharadita de extracto
   de vainilla
2 tazas (250 g) de fresas
hojas de menta al gusto

Nota

Puedes hornear las bases para
las tartas en un horno eléctrico.

Utensilios especiales

4 moldes para tarta de 12 cm de
diámetro engrasados y enharinados.

Procedimiento

1. Precalienta el horno a 180 °C.

2. Muele las galletas hasta casi hacerlas
   polvo y mézclalas con la mantequilla.

3. Distribuye la mezcla de galletas entre los
   moldes y presiónala para cubrir la base y las
   paredes del molde y formar una base para
   las tartas.

4. Hornea las bases durante 5 minutos o hasta que
   estén crujientes. Déjalas enfriar.

5. Bate el queso crema con la leche condensada
   y las semillas de la vaina o el extracto de vainilla.

6. Distribuye la mezcla de queso en las cuatro bases.
   Corta las fresas por la mitad o en cuartos, y acomódalas
   sobre las tartas. Decora con hojas de menta.

Una noche de cine

Mi tío Rafa tiene ideas geniales.

Me invitó junto con mis amigos a ver una película en el jardín. Cocinamos algunas cosas ricas, como palomitas con caramelo y chocolates para disfrutar de la función.

La noche era estrellada y tranquila. Teníamos nuestras delicias a la mano y justo, en la aventura más divertida de la película, apareció en la pantalla una ardilla gigante que hacía un ruido ensordecedor. ¡Gritamos de miedo!

Mi tío se reía, pues lo que sucedió fue que algunos animalitos estaban viendo la película y, justo frente al proyector, estaba una ardilla comiéndose mis palomitas. ¡Qué risa! Ella siguió en lo que estaba, que le pareció mejor que la película. Continuó la función.

Pizza sin amasar

Ingredientes para 6 pizzas individuales

Masa

3 tazas (420 g) de harina + un poco
para enharinar
2 cucharaditas (8 g) de sal
½ cucharada (5 g) de levadura en polvo
1½ tazas (360 ml) de agua

Montaje

1 taza (240 ml) de salsa de jitomate
espesa, comercial
2 tazas (260 g) de queso mozzarella
seco o manchego, rallado
1 cucharada (2 g) de orégano seco
ingredientes al gusto: jamón picado,
champiñones, pepperoni, queso
de cabra, piña picada, entre otros.

Utensilios especiales

1 tazón engrasado (lo suficientemente grande para que la masa pueda duplicar su volumen), 1 piedra para pizza, rodillo y charolas para hornear engrasadas con aceite de oliva.

Procedimiento

1. Combina en un tazón todos los ingredientes de la masa con una cuchara. Cuando obtengas una masa, colócala en el tazón grande.

2. Cubre el tazón con un trapo húmedo y déjalo reposar a temperatura ambiente entre 12 y 24 horas o hasta que duplique su tamaño.

3. Coloca en la rejilla central del horno la piedra para pizza o una charola invertida, así obtendrás una costra más crujiente. Precalienta el horno a 200 °C.

4. Espolvorea un poco de harina en la mesa y pon encima la masa. Dóblala a la mitad sobre sí misma y presiónala con las manos un par de veces.

5. Divide la masa en 6 porciones y déjalas reposar 20 minutos.

6. Extiéndelas con el rodillo y colócalas en las charolas.

7. Cubre las masas con una capa de salsa de jitomate y de queso rallado, espolvorea el orégano y añade los ingredientes que prefieras.

8. Hornea las pizzas durante 25 minutos o hasta que se doren.

Panecitos de maíz y salchicha con salsa BBQ

Ingredientes
para 16 panecitos

Salsa BBQ

½ cebolla (100 g) rallada
1 cucharada (15 g) de mantequilla
½ taza (120 ml) de salsa cátsup
½ taza (120 ml) de puré de jitomate
4 cucharadas (60 ml) de salsa de soya
3 cucharadas (45 ml) de vinagre
  de manzana
1 cucharada (15 ml) de salsa inglesa
½ taza (100 g) de azúcar mascabado

Panecitos

1 taza (240 ml) de leche
½ taza (120 ml) de crema para batir
1 cucharada (15 ml) de vinagre
  de manzana
2 huevos (100 g)
⅓ de taza (70 g) de mantequilla
  derretida
1 taza (160 g) de polenta instantánea
¾ de taza (105 g) de harina
1 cucharada (15 g) de azúcar
½ cucharadita (2 g) de sal
1½ cucharaditas (3 g) de polvo
  para hornear
4 salchichas de pavo (120 g),
  cortadas en cubos pequeños

Utensilios especiales

16 moldes para panqués individuales,
engrasados y enharinados y 1 charola
para hornear.

Procedimiento

Salsa BBQ

1. Derrite en un sartén sobre el fuego la mantequilla; añade la cebolla y cocínala, moviéndola de vez en cuando hasta que se dore.

2. Agrega el resto de los ingredientes y cocínalos a fuego bajo durante 10 minutos o hasta que la salsa esté espesa. Cuélala y déjala enfriar.

Panecitos

1. Precalienta el horno a 180 °C. Pon los moldes en la charola para hornear e introdúcelos en el horno.

2. Combina la leche con la crema para batir y el vinagre y déjalos reposar 5 minutos. Después, añade los huevos y la mantequilla y bátelos ligeramente hasta incorporarlos.

3. Mezcla en un tazón la polenta con la harina, el azúcar, la sal, y el polvo para hornear.

4. Combina la mezcla de leche y huevo con la de polenta y añade las salchichas. Evita batir demasiado la mezcla.

5. Saca los moldes del horno con mucho cuidado y distribúyeles la mezcla hasta llenarlos un poco más de la mitad.

6. Hornea los panecitos durante 10 minutos o hasta que las orillas estén ligeramente doradas.

7. Sirve los panecitos tibios con la salsa.

Palomitas de sabores

Ingredientes para 8 bolsitas de 14 cm

5 tazas (40 g) de palomitas de maíz
cantidad suficiente de aceite para
  engrasar
1½ tazas de tus dulces favoritos
  (chocolates confitados, barras
  de chocolate con galleta, pretzels,
  entre otros), trocéalos si son
  grandes

Caramelo

¼ de taza (60 ml) de agua
½ taza (100 g) de azúcar
¼ de taza (50 g) de azúcar
  mascabado
2 cucharadas (50 g) de jarabe
  de maíz
3 cucharadas (45 g) de mantequilla
1 cucharadita (4 g) de bicarbonato
1 cucharadita (2 g) de sal

Utensilios especiales

Termómetro para caramelo; 1 tazón,
2 cucharas soperas y 2 charolas
engrasados, y 8 bolsitas de papel
de 14 cm.

Procedimiento

1. Para preparar el caramelo, pon en una olla el agua con ambos azúcares, el jarabe de maíz y la mantequilla. Pon la olla sobre el fuego y cocina la mezcla hasta que tenga una temperatura de 149 °C, aproximadamente durante 10 minutos; la mezcla se verá espesa y con burbujas grandes. Agrega el bicarbonato y la sal y retira la olla del fuego. Es muy importante que te ayude un adulto.

2. Agrega al tazón la mitad de las palomitas y del caramelo; mezcla con las cucharas hasta cubrir casi por completo las palomitas y vacíalas en una de las charolas, extendiéndolas.

3. Repite el paso anterior con las palomitas y el caramelo restantes; si es necesario puedes entibiarlo.

4. Cuando las palomitas estén tibias, agrégales los dulces y combínalos, se derretirán un poco.

5. Empaca las palomitas de sabores en las bolsitas.

Ayuda para el conejo de Pascua

La carta que recibí del conejo de Pascua era clara.

Tenía un resfriado y no iba a terminar de preparar los huevitos de chocolate a tiempo para el día de Pascua. Para esta celebración, muy importante para muchos niños en el mundo, los huevitos son indispensables.

Saqué del cofre de recetas de mi abuelita la receta de trufas: ¡la mejor forma de preparar chocolate! Llamé a mis amigos para que prepararan los huevitos de trufa conmigo, y hasta Vanila ayudó, aunque los suyos tenían forma de hueso. Los decoramos con colores.

De repente, llegó el conejo de Pascua con una canasta llena de cupcakes como agradecimiento. Se había recuperado y estaba listo para repartir los huevitos. ¡Fue una gran celebración! A veces, preparar la comida de una fiesta puede ser tan divertido como la fiesta misma.

Huevitos de trufa de chocolate

Ingredientes
para 25 huevitos

1 taza (240 ml) de crema para batir
½ cucharada (7 g) de miel de abeja
1½ tazas (270 g) de chocolate
  oscuro picado

Para decorar

1 taza (200 g) de chocolate blanco
  derretido, a temperatura ambiente
  + cantidad al gusto, pintado
  de distintos colores

Procedimiento

1. Calienta la crema con la miel. Añade el chocolate picado y mézclalo hasta que se derrita y obtengas una mezcla sin grumos y tersa.

2. Déjala reposar en refrigeración durante 2 horas.

3. Toma pequeñas porciones de la mezcla de chocolate con una cuchara y dales forma de huevitos con las manos. Refrigéralos 20 minutos.

4. Cubre los huevitos con el chocolate blanco y deja que se endurezca. Decóralos al gusto con el chocolate de colores.

Cupcakes de crema de cacahuate y mermelada

Ingredientes
para 14 cupcakes

Cupcakes

¼ de taza (50 g) de mantequilla
a temperatura ambiente
½ taza (125 g) de crema
de cacahuate
½ taza (100 g) de azúcar mascabado
1 huevo (50 g)
1 cucharada (15 ml) de extracto
de vainilla
1¼ tazas (175 g) de harina
1 cucharadita (4 g) de bicarbonato
½ cucharadita (2 g) de sal
⅔ de taza (160 ml) de leche

Betún

1 taza (190 g) de queso crema
a temperatura ambiente
⅓ de taza (40 g) de azúcar glass
½ cucharadita (2 g) de sal
1 taza (250 g) de crema
de cacahuate
1 cucharada (15 ml) de extracto
de vainilla
½ taza (120 ml) de crema para batir
½ taza (150 g) de mermelada
de fresa o zarzamora

Utensilios especiales

1 molde para cupcakes con capacillos.

Procedimiento

Cupcakes

1. Precalienta el horno a 180 °C.

2. Bate con una pala la mantequilla, la crema de cacahuate y el azúcar mascabado hasta obtener una mezcla cremosa y pálida. Agrega el huevo y el extracto de vainilla.

3. Cierne la harina con el bicarbonato y la sal. Incorpora esta mezcla a la preparación anterior, alternando con la leche.

4. Distribuye la preparación en los capacillos. Hornea los cupcakes durante 12 minutos o hasta que al insertar un palillo al centro de uno de ellos, éste salga limpio.

Betún

1. Bate el queso crema con el azúcar glass y la sal hasta obtener una mezcla cremosa, suave y sin grumos. Agrega la crema de cacahuate y el extracto de vainilla y mezcla.

2. Aparte, bate la crema a punto de picos suaves. Incorpórala delicadamente a la mezcla de queso.

3. Introduce un popote grueso en el centro de los cupcakes y sácalo para hacerles una cavidad. Rellénala con un poco de mermelada.

4. Unta los cupcakes con el betún y decóralos con más mermelada.

El mejor regalo de cumpleaños

Carmen es mi mejor amiga.

Siempre platicamos de recetas. En su cumpleaños decidí darle el mejor regalo: los brownies con más sabor a chocolate y deliciosos jamás hechos.

Nada fácil. Probé con una receta de mi tía, pero los brownies explotaron en el horno. ¡Qué desastre! Vanila corrió y, como es costumbre, no me ayudó a limpiar.

"¡Tiene que existir una receta suficientemente rica para Carmen!, pensé, ¡la inventaré yo!" Pesé, medí, probé y le agregué como ingrediente secreto, 1 cucharada de todo el cariño que le tengo.

Celebramos con nuestros amigos sin pastel, pues tuvimos los mejores brownies con velita. Le di la receta en una tarjeta. Hay muchas recetas, pero ninguna es tan especial como ésta.

Cake pops

Ingredientes para 6 cake pops

1 taza (90 g) de galletas
de canela molidas

3 cucharadas (30 g) de queso
crema a temperatura ambiente

Para decorar

6 conos de helado miniatura

½ taza (100 g) de chocolate

derretido, pintado de color
rosa

¼ de taza (50 g) de chocolate
blanco derretido, a
temperatura ambiente

azúcar candy rosa o grageas
de colores, al gusto

Procedimiento

1. Combina las galletas molidas con el queso crema. Forma con esta mezcla 6 bolas y congélalas durante 2 horas.

2. Coloca las bolas en los conos. Báñalas con un poco del chocolate rosa para que parezcan helados derretidos. Refrigéralos hasta que estén firmes.

3. Decora las *cake pops* con el chocolate blanco y con un poco de azúcar candy o de grageas.

Consejo

Para que puedas decorar los conos más fácil, llena un recipiente de paredes altas con azúcar y clava ahí los conos.

Brownies para cumpleaños

Ingredientes
para 16 brownies

¾ de taza (160 g) de mantequilla
⅓ de taza (60 g) de chocolate
  oscuro picado
6 cucharadas (30 g) de cocoa
¾ de taza (150 g) de azúcar
2 huevos (100 g)
1 cucharada (15 ml) de extracto
  de vainilla
⅓ de taza (65 g) de queso crema
  a temperatura ambiente
½ taza (70 g) de harina cernida
½ cucharadita (2 g) de sal
⅔ de taza (120 g) de chispas
  de chocolate

Procedimiento

1. Precalienta el horno a 160 °C.

2. Derrite la mantequilla con el chocolate a baño
   maría, retíralos del calor y agrega la cocoa y el
   azúcar; bate constantemente hasta obtener una
   preparación sin grumos y homogénea.

3. Añade los huevos y la vainilla; mezcla bien.
   Después integra el queso crema, batiendo
   constantemente hasta que queden algunos trozos
   de queso muy pequeños.

4. Incorpora delicadamente la harina y la sal sin
   mezclar demasiado; finalmente, añade las chispas
   de chocolate y mezcla.

5. Vacía la preparación en el molde y hornéala
   durante 25 minutos.

6. Deja enfriar el brownie por completo y córtalo
   en 16 cubos de 5 centímetros.

Utensilios especiales

1 molde cuadrado de 20 cm
forrado con papel siliconado.

La hora del té

Mis amigas y yo decidimos hacer una tarde de té en el bosque.

La hora del té es una tradición inglesa; las personas se reúnen a tomar el té y a disfrutar de un rico surtido de sándwiches y panecitos dulces muy bonitos. La presentación es importante, por lo que se utilizan servilletas bordadas y teteras antiguas.

En el bosque, Vanila caminaba rápido delante de nosotras. Seguimos sus huellas. Llegamos a una casita y al tocar la puerta, nos sorprendimos al ver una familia de osos. "¡Es la hora del té!", dije sonriendo.

Platicamos mucho de cosas muy divertidas. Después nos dimos cuenta de que en realidad no seguimos las huellas de Vanila, sino las de un oso bebé.

¡Yo sabía que a los osos les gustan los sándwiches de salmón, pero nunca imaginé que disfrutaran tanto el panqué y el té!

Sándwiches de salmón ahumado y pepino

Ingredientes para 12 sándwiches abiertos

½ pepino (100 g) cortado en rodajas muy delgadas

4 cucharadas (60 ml) de vinagre de arroz

⅓ de taza (65 g) de queso crema a temperatura ambiente

2 cucharadas (30 g) de mayonesa

1 cucharada (15 ml) de jugo de limón

1 cucharada (2 g) de perejil picado

6 rebanadas (150 g) de pan integral, sin orillas

6 rebanadas (80 g) de salmón ahumado

2 cucharadas (30 ml) de aceite de oliva

Procedimiento

1. Combina la rodajas de pepino con el vinagre de arroz y déjalas reposar durante 5 minutos.

2. Mezcla el queso crema con la mayonesa, el jugo de limón y el perejil picado.

3. Corta las rebanadas de pan por la mitad. Úntalas con la mezcla de queso y coloca encima las rebanadas de salmón ahumado.

4. Acomoda sobre el salmón las rodajas de pepino ligeramente encimadas unas en otras. Baña los sándwiches con aceite de oliva y sírvelos.

Panecitos de mantequilla

Ingredientes para 12 panecitos

¾ de taza (180 ml) de leche
1 cucharada (15 ml) de jugo de limón
2 tazas (280 g) de harina + cantidad suficiente para espolvorear
2 cucharadas (20 g) de polvo para hornear
3 cucharadas (45 g) de azúcar
1 cucharadita (4 g) de sal
¾ de taza (150 g) de mantequilla fría, cortada en cubos

Para barnizar

1 huevo (50 g) ligeramente batido
3 cucharadas (45 g) de azúcar

Utensilios especiales

Batidora eléctrica (opcional), rodillo, 1 cortador para galletas circular de 5 cm de diámetro, 1 charola para hornear antiadherente y brocha.

Procedimiento

1. Precalienta el horno a 190 °C.

2. Combina la leche con el jugo de limón y déjala reposar 5 minutos.

3. Cierne sobre la mesa o el tazón de la batidora la harina con el polvo para hornear, agrega el azúcar y la sal. Añade a esta mezcla los cubos de mantequilla e incorpóralos con las yemas de los dedos o con la pala de la batidora. Deberás obtener una preparación de consistencia arenosa con algunos trozos pequeños de mantequilla.

4. Agrega la leche con limón y mezcla hasta obtener una masa, pero sin mezclar demasiado. Amásala únicamente 2 o 3 veces.

5. Espolvorea la mesa con un poco de harina, pon encima la masa y extiéndela con un rodillo hasta que tenga un grosor de 3 centímetros. Obtén 8 discos con el cortador y colócalos en la charola.

6. Junta y amasa los recortes de masa. Forma una bola, extiéndela y corta otros 4 discos.

7. Barniza la parte de arriba de los discos de masa con el huevo. Espolvoréalos con el azúcar.

8. Hornéalos entre 15 y 17 minutos o hasta que estén dorados.

Consejo

Sirve los panecitos con mermelada y mantequilla; o, al estilo inglés, con un poco de crema espesa.

Panqué de yogur y té verde con frambuesas

Ingredientes
para 1 panqué

1½ tazas (210 g) de harina
2 cucharaditas (4 g) de polvo
   para hornear
½ cucharadita (2 g) de sal
1 taza (225 g) de yogur natural
3 huevos (150 g)
1 taza (200 g) de azúcar
1 cucharada (15 ml) de extracto
   de vainilla
½ taza (100 g) de mantequilla
   derretida
1 cucharada (8 g) de *matcha* (polvo
   de té verde)
1 cucharada (15 ml) de agua caliente
⅔ de taza (80 g) de frambuesas
   mezcladas con 1½ cucharadas
   (15 g) de harina

Para decorar

crema batida, al gusto
frambuesas al gusto

Procedimiento

1. Precalienta el horno a 180 °C.

2. Cierne la harina con el polvo para hornear y la sal.

3. Bate en un tazón el yogur, los huevos, el azúcar, la vainilla y la mantequilla.

4. Mezcla el *matcha* con el agua caliente. Deja enfriar la mezcla.

5. Combina la mezcla de yogur y huevo con la mezcla de harina hasta obtener una preparación homogénea, pero sin mezclar demasiado.

6. Separa una tercera parte de la preparación anterior, mézclala con el *matcha* y resérvala. Incorpora a la preparación restante las frambuesas.

7. Agrega al molde, de forma alternada, cucharadas de ambas mezclas para lograr un efecto marmoleado.

8. Hornea el panqué durante 40 minutos o hasta que esté ligeramente dorado. Déjalo enfriar antes de desmoldarlo.

9. Decóralo con crema batida y frambuesas al gusto.

Utensilios especiales

1 molde para panqué de 10 x 20 cm o 6 moldes individuales engrasados y enharinados.

Para el Día de la Madre

Mi mamá tiene un banquito para mí. Lo uso para alcanzar la mesa cuando cocinamos juntas.

El Día de la Madre subí en él para prepararle sus galletas favoritas: las de nuez y las de chispas de chocolate. Cocinar dos postres al mismo tiempo es complicado, pero no imposible.

Antes de comenzar con la receta fui por un ramo de flores e hice una carta. Se me hizo tarde, así que tuve que correr de arriba para abajo. Al prender la batidora, se cayeron en la masa algunas de las flores del ramo. Parecía estar arruinada.

Afortunadamente, las galletas tomaron una linda forma de flor y se les formó un centro amarillo luminoso. Ligeras y frágiles, se desmoronaban en la boca. ¡Eran toda una delicia! Mi mamá me dio un gran abrazo.

La gran galleta

Ingredientes para 1 galleta de 20 cm

½ taza (100 g) de mantequilla
1 huevo (50 g)
¼ de taza (50 g) de azúcar
¼ de taza + 2 cucharadas (80 g)
  de azúcar mascabado
½ cucharadita (2 g) de sal
1 cucharadita (5 ml) de extracto
  de vainilla

1 taza + 1 cucharada (150 g)
  de harina cernida
½ cucharadita (2 g) de bicarbonato
⅔ de taza (120 g) de chispas
  de chocolate
⅓ de taza (40 g) de nueces picadas,
  si no te gustan puedes omitirlas

Glaseado

1 clara (30 g)
1 taza (120 g) de azúcar glass
colorante al gusto

Utensilios especiales

Sartén grueso de 20 cm que puedas
introducir al horno y manga pastelera
con duya lisa de 5 mm de diámetro.

Procedimiento

1. Reserva 3 cucharadas de la mantequilla en un tazón.

2. Coloca la mantequilla restante en el sartén y ponlo sobre el fuego. Cuando la mantequilla se haya derretido y dorado ligeramente, viértela en el tazón con el resto de la mantequilla. Mézclalas bien y deja enfriar.

3. Bate el huevo con ambos azúcares, la sal y el extracto de vainilla hasta que la mezcla esté pálida y esponjosa.

4. Añade la mantequilla a la mezcla de huevo y combínalas bien. Después, agrega la harina y el bicarbonato y mezcla hasta obtener una masa uniforme. No la mezcles demasiado. Incorpora las chispas y las nueces.

5. Forma una bola con la masa, introdúcela en una bolsa de plástico y refrigérala durante 1 hora.

6. Precalienta el horno a 190 °C.

7. Pon la masa en el sartén y aplástala con las manos hasta que cubra casi toda la base del sartén. Hornéala entre 10 y 14 minutos o hasta que esté dorada de las orillas, pero con un centro suave.

Glaseado

1. Bate la clara hasta que esté espumosa. Sin dejar de batir, agrega gradualmente el azúcar. Continúa batiendo durante 5 minutos más o hasta que la mezcla esté esponjosa y brillante.

2. Agrega al glaseado un poco de colorante, colócalo en la manga y decora con él la galleta como más te guste o escribe: "Felicidades mamá".

Flores
de colores

Ingredientes para 30 galletas de 7 cm

Galletas

1 taza + 2 cucharadas (230 g) de mantequilla a temperatura ambiente
1 taza + 1 cucharada (130 g) de azúcar glass
1 huevo (50 g)
1½ tazas (150 g) de nueces, molidas muy finamente
2⅓ tazas (325 g) de harina
1 cucharadita (4 g) de sal

Glaseado de naranja

1 clara (30 g)
1 taza (120 g) de azúcar glass
1 cucharadita (2 g) de ralladura de naranja
colorante al gusto

Utensilios especiales

Rodillo, cortadores para galleta con forma de flor de 7 cm, charolas para hornear antiadherentes, rejilla y mangas pasteleras con duyas lisas de 5 mm.

Procedimiento

Galletas

1. Bate la mantequilla con el azúcar glass hasta obtener una mezcla suave y sin grumos. Agrega el huevo y mezcla bien; después, incorpora las nueces molidas, la harina y la sal. Mezcla hasta obtener una masa tersa, pero sin batirla demasiado. Introdúcela en una bolsa de plástico y refrigérala durante 3 horas como mínimo.

2. Precalienta el horno a 170 °C.

3. Divide la masa en dos partes y conserva una de ellas en refrigeración. Extiende la masa con el rodillo hasta que tenga 1 centímetro de grosor.

4. Corta la masa con los cortadores. Coloca las flores de masa en las charolas y refrigéralas 10 minutos. Haz lo mismo con la masa que reservaste.

5. Hornea las galletas durante 8 minutos o hasta que estén cocidas y ligeramente doradas. Déjalas enfriar en la rejilla.

Glaseado de naranja

1. Bate la clara hasta que esté espumosa y, sin dejar de batir, agrega gradualmente el azúcar. Continúa batiendo durante 5 minutos más o hasta que la mezcla esté esponjosa y brillante. Incorpora la ralladura de naranja.

2. Divide la mezcla en varios tazones, dependiendo de la cantidad de colores que desees, y agrégale a cada uno un poco de colorante. Introduce los glaseados, por separado, en las mangas y decora con ellas las galletas.

Consejo

Si deseas cubrir con glaseado toda la galleta deberás usar un glaseado ligero; en cambio, si deseas hacer diseños más precisos o marcar el contorno de la galleta necesitarás un glaseado espeso. Puedes agregarle un poco de agua para aligerarlo, o azúcar glass para espesarlo.

Para el Día del Padre

Quiero mucho a mi papá.

Él siempre me apoya en todas mis aventuras. Me ayuda con mis tareas y comparte consejos para resolver problemas. Se acuerda de los mejores chistes y cuenta las historias más divertidas. Realmente sabe muchas cosas.

Su único defecto es que juega golf muy mal. Le gusta mucho y, por eso, pasa horas en el campo practicando y leyendo sobre cómo mejorar. Pero la realidad es que no lo hace nada bien.

Lo más chistoso es que después de un juego, siempre llega de muy buen humor, pues aunque lo haya hecho mal, pasó un rato contento con sus amigos.

Este Día del Padre le preparé una botanita que seguro le encantará. Su forma divertida de ver la vida, es la mejor de sus lecciones.

Botanita para después del golf

Ingredientes para 12 palos y 6 bolas de golf

Bolas de golf

¼ de taza (45 g) de queso crema a temperatura ambiente

3 cucharadas (35 g) de queso parmesano rallado + cantidad al gusto para decorar

3 cucharadas (30 g) de queso de cabra

2 cucharadas (10 g) de queso cheddar rallado

2 cucharaditas (10 ml) de salsa picante

Palitos de golf

¾ de taza (180 ml) de leche

¼ de taza (50 g) de mantequilla derretida

1 huevo (50 g)

2 yemas (30 g) + 1 (20 g) batida ligeramente

2½ tazas (350 g) de harina

½ cucharada (5 g) de levadura en polvo

1 cucharadita (4 g) de sal

2 cucharadas (30 g) de azúcar

ajonjolí al gusto

Utensilios especiales

Charolas para hornear antiadherentes, brocha y rejilla.

Procedimiento

Bolas de golf

1. Combina todos los ingredientes. Forma 6 bolas con la mezcla y cúbrelas con queso parmesano rallado. Resérvalas en el refrigerador.

Palitos de golf

1. Entibia la leche y mézclala con la mantequilla, el huevo y las 2 yemas.

2. Coloca en un tazón la harina, la levadura, la sal y el azúcar. Incorpórale poco a poco la mezcla de leche y huevo hasta obtener una masa.

3. Amasa la masa hasta que esté elástica y forma con ella una bola; déjala reposar, cubierta con un trapo a temperatura ambiente, durante 1 hora.

4. Divide la masa en 12 porciones. Haz rodar cada una sobre la mesa, de arriba abajo, hasta que tengan forma de cilindros. Dóblalos por la mitad, toma cada extremo con una mano y gíralos en direcciones opuestas para que se trencen. Acomódalos en las charolas y dobla uno de los extremos ligeramente hacia un lado para darles forma de palo de golf; cúbrelos.

5. Déjalos reposar durante 30 minutos. Precalienta el horno a 180 °C.

6. Barnízalos con la yema batida y espolvoréalos con ajonjolí. Hornéalos durante 25 minutos. Déjalos enfriar sobre la rejilla.

7. Sirve los palitos con las bolas de golf.

Consejo

Si sientes que el betún está muy suave, refrigéralo unos minutos.

Pastel red velvet

Ingredientes para 1 pastel de 2 capas de 22 cm o 4 capas de 12 cm

Panes red velvet

4 claras (120 g)
2½ cucharadas (38 ml) de colorante rojo
 para alimentos
1 cucharada (15 ml) de extracto de vainilla
2½ tazas (350 g) de harina
1 cucharada y 2 cucharaditas (14 g)
 de polvo para hornear
½ taza (50 g) de cocoa
1 cucharadita (4 g) de sal
⅓ de taza (70 g) de mantequilla
 a temperatura ambiente

1¼ tazas (250 g) de azúcar
¾ de taza (180 ml) de leche
1 cucharada (15 ml) de vinagre
 de manzana
⅓ de taza (80 ml) de aceite de maíz
 o soya

Betún

4 cucharadas (60 g) de mantequilla
 a temperatura ambiente
1 taza (190 g) de queso crema
 a temperatura ambiente

1½ tazas (180 g) de azúcar glass
1 taza (180 g) de chocolate blanco
 derretido, a temperatura ambiente

Para decorar

1 taza (150 g) de fresas picadas
flores comestibles al gusto

Utensilios especiales

Batidora eléctrica, 2 moldes circulares
de 22 cm de diámetro o 4 de 12 cm,
engrasados y enharinados; cuchillo
de sierra y espátula.

Procedimiento

Panes red velvet

1. Precalienta el horno a 180 °C.

2. Bate ligeramente las claras con el colorante y el extracto de vainilla.

3. Cierne la harina con el polvo para hornear, la cocoa y la sal.

4. Bate la mantequilla con el azúcar durante 5 minutos. Agrega la mezcla de harina con cocoa, la leche, el vinagre y el aceite. Bate a velocidad alta durante 2 minutos. Finalmente, incorpora las claras batidas en dos tantos.

5. Distribuye la preparación en los moldes. Hornéalos durante 20 minutos o hasta que estén cocidos, pero no dorados. Déjalos enfriar.

Betún

1. Bate la mantequilla con el queso crema y el azúcar glass hasta obtener una mezcla pálida, y sin grumos. Añádele el chocolate derretido y mézclalo bien.

Montaje

1. Desmolda los panes y hazles un corte horizontal en la parte de arriba con el cuchillo para emparejarlos. Pon uno de los panes en un platón cúbrelo con un poco de betún y añade algunas de las fresas; coloca encima otro pan y cúbrelo con más betún. Para un pastel de 4 pisos, repite este paso 2 veces más, colocando fresas también en la segunda y tercera capas.

2. Decora el pastel con las flores comestibles.

Mi primer viaje a París

Para mi primer viaje a París estaba preparada con palabras nuevas y una lista de las mejores *pâtisseries*.

"Creo que ya he estado aquí", pensé bajo la Torre Eiffel, porque después de ver tantas fotos, ya la conocía. Corrí hasta el último piso. *Magnifique*!

Probé las crepas que comen los niños caminando por la calle. *Délicieux*!

Recorrí la Opera y la Place de la Madeleine, donde hay tiendas de pasteles y panes para bailar de gusto. *Formidable*!

Corrí con Vanila por los jardines y parques más bonitos: las Tullerías, Luxemburgo y Campo de Marte. *Merveilleux*!

Probé macarrones de todos los colores del arcoíris. *Superbe*!

En la noche, ni un paso más, Vanila se quedó dormida. *Charmante*!

Chausson aux pommes

Ingredientes
para 6 chaussons

8 manzanas amarillas o perones (1.6 kg)
1 cucharada (15 ml) de jugo
 de limón amarillo
½ taza (100 g) de azúcar mascabado
1 cucharadita (3 g) de canela molida
1 pizca de nuez moscada molida
2 cucharadas (16 g) de fécula de maíz
4 cucharadas (60 g) de mantequilla
400 g de pasta hojaldre

Para decorar

1 huevo (50 g) ligeramente batido
azúcar al gusto

Utensilios especiales

Rodillo, cortador para galletas circular
de 12 cm, 1 charola para hornear
antiadherente, brocha y cuchillo
delgado con filo.

Nota

En francés, *chausson* significa
pantufla.

Procedimiento

1. Pela las manzanas, descorazónalas y córtalas en cubos pequeños. Mézclalos con el jugo de limón, el azúcar mascabado, la canela, la nuez moscada y la fécula de maíz.

2. Pon la mezcla en un colador y déjala reposar sobre un tazón durante 1 hora, moviéndola de vez en cuando.

3. Coloca en una cacerola la mantequilla con el jugo que suelten las manzanas. Ponla sobre el fuego y deja que la preparación hierva hasta que espese. Incorpora la mezcla de manzana y deja enfriar.

4. Extiende la pasta hojaldre con un rodillo hasta que tenga ½ centímetro de grosor. Obtén 6 discos de pasta con el cortador y pásales por encima el rodillo para darles forma de óvalos.

5. Distribuye la mezcla de manzana sobre los óvalos. Barniza los bordes con un poco del huevo batido y dobla los óvalos sobre sí mismos, presionando ligeramente las orillas para sellarlas. Colócalos en la charola, barnízalos con huevo y espolvoréalos con azúcar al gusto. Refrigéralos durante 20 minutos.

6. Precalienta el horno a 200 °C.

7. Haz algunas líneas paralelas con el cuchillo sobre los *chaussons*. Hornéalos durante 10 minutos o hasta que se hayan inflado. Baja la temperatura del horno a 180 °C y continúa la cocción hasta que se doren.

Crepas de chocolate con crema de avellanas y fresas

Ingredientes
para 12 crepas

3 cucharadas (45 g) de mantequilla
+ cantidad suficiente para engrasar
1 taza (240 ml) de leche
2 cucharadas (30 ml) de agua
3 huevos (150 g)
¾ de taza (105 g) de harina
2 cucharadas (10 g) de cocoa
½ cucharadita (2 g) de sal
2 cucharadas (30 g) de azúcar
+ cantidad al gusto para espolvorear

Para acompañar

crema de avellanas con chocolate, al gusto
fresas rebanadas o cortadas en cubos, al gusto

Utensilios especiales

Sartén antiadherente.

Procedimiento

1. Pon sobre el fuego el sartén antiadherente con la mantequilla y caliéntala hasta que se derrita y tenga color dorado claro.

2. Licua la leche con el agua, los huevos, la harina, la cocoa, la sal, el azúcar y la mantequilla. Refrigera la mezcla durante 1 hora.

3. Coloca nuevamente sobre el fuego el sartén y engrásalo con un poco de mantequilla; cuando esté caliente, agrega un cucharón de la mezcla de chocolate y gira el sartén ligeramente para que la mezcla se extienda y cubra el fondo del sartén. Dale la vuelta a la crepa cuando se vea opaca.

4. Repite este paso con el resto de la mezcla. Acomoda las crepas cocidas una encima de otra, espolvoreándolas con un poco de azúcar para que no se peguen entre ellas al enfriarse.

5. Unta las crepas con la crema de avellanas con chocolate y rellénalas con fresas al gusto. Dóblalas en cuatro y sírvelas.

Consejo

Conserva las crepas envueltas en papel encerado, en refrigeración durante 1 semana o en congelación hasta por 2 meses.

Macarrones de zarzamora y pistache

Ingredientes para 18 macarrones

Macarrones

4 claras (120 g)
1 taza (120 g) de azúcar glass
1¼ tazas (125 g) de almendra en polvo
2 cucharadas (30 g) de azúcar colorante vegetal morado o verde, al gusto (opcional)

Relleno de zarzamora o pistache

½ taza (180 ml) de crema para batir
½ taza (90 g) de chocolate blanco picado
½ taza (100 g) de mantequilla
2 cucharadas (40 g) de mermelada de zarzamora sin semillas o de pasta de pistache

Utensilios especiales

1 manga pastelera con duya lisa de 1 cm, charolas para hornear cubiertas con papel siliconado o con tapete de silicón.

Procedimiento

Macarrones

1. Refrigera las claras, sin taparlas, 1 o 2 días antes de preparar los macarrones. Esto las deshidratará un poco, lo que ayudará a que los macarrones tengan mejor consistencia.

2. Combina el azúcar glass con la almendra en polvo.

3. Bate las claras hasta que estén espumosas, agrégales gradualmente el azúcar y continúa batiendo hasta que estén firmes. Cuida no batirlas de más pues si se separan, ya no servirán para macarrones.

4. Incorpora a las claras, de forma envolvente, la mezcla de almendras y azúcar glass. Agrega, si lo deseas, un poco de colorante a la mezcla, morado para macarrones de zarzamora, o verde para macarrones de pistache.

5. Precalienta el horno a 160 °C.

6. Introduce la mezcla en la manga y forma discos de 3 centímetros en las charolas. Golpéalas ligeramente en la mesa para eliminar las burbujas de aire. Déjalos reposar durante 20 minutos para que se forme una costra.

7. Hornea los discos durante 40 minutos o cuando se despeguen fácilmente de la charola, pero no dejes que se doren.

8. Deja enfriar los macarrones antes de despegarlos de las charolas.

Relleno de zarzamora o pistache

1. Hierve la crema en una cacerola sobre el fuego. Apágalo y agrega el chocolate. Mezcla hasta que se derrita y obtengas una preparación tersa, agrega la mantequilla y la mermelada o la pasta.

2. Bate la preparación y déjala enfriar a temperatura ambiente.

3. Distribuye el relleno en la mitad de los macarrones y cúbrelos con los macarrones restantes.

El cumpleaños del abuelo

Planté con mi prima Joanna una semilla en el jardín de la casa del abuelo.

Hoy es un árbol gigante lleno de limones que sonríen amarillos bajo el sol. Sabemos que se acerca el cumpleaños del abuelo porque es cuando los limones están maduros, listos para empezar la fiesta.

Esa tarde me subí a una escalera para cortarlos y pasárselos a mi prima. Cuando me di cuenta, ella estaba debajo de una montaña de limones. Había suficientes para hacer limonada, salsa con *blueberries* y como 100 exquisitos pasteles.

Pero solo hicimos uno, muy especial, aprovechando el jugo y la perfumada ralladura. Hacer un pastel para alguien que quieres, es como darle un abrazo.

Salsa de blueberries

Para abuelo con amor

Nota

Conserva la salsa en refrigeración hasta por 1 semana.

Ingredientes
para 8 porciones

½ taza (120 ml) de agua

1 cucharada (8 g) de fécula de maíz

⅓ de taza (67 g) de azúcar

1 cucharadita (2 g) de ralladura de limón amarillo

2 cucharadas (30 ml) de jugo de limón amarillo

2 tazas (330 g) de *blueberries*

Procedimiento

1. Combina en una cacerola el agua con la fécula de maíz, el azúcar, la ralladura y el jugo de limón.

2. Pon la cacerola sobre el fuego y calienta la preparación hasta que hierva y tenga una consistencia de jarabe espeso.

3. Retira la cacerola del fuego e incorpora al jarabe los *blueberries*. Deja enfriar la salsa por completo en la cacerola y después, viértela en un frasco con tapa.

Pastel de blueberries y limón

Ingredientes para 1 pastel de 22 cm

Panes de vainilla y blueberries

9 huevos (450 g)
1¼ tazas (250 g) de azúcar
2 cucharadas (30 ml) de extracto de vainilla
2 tazas (280 g) de harina cernida
1 taza (165 g) de *blueberries* mezclados con 1 cucharada (10 g) de harina

Betún de limón

1½ tazas (300 g) de mantequilla a temperatura ambiente
4½ tazas (540 g) de azúcar glass
⅔ de taza (125 g) de queso crema a temperatura ambiente, acremado
1 cucharada (5 g) de ralladura de limón amarillo

Para decorar

1 taza (165 g) de *blueberries*
ralladura de limón al gusto

Utensilios especiales

2 moldes para pastel circulares de 22 cm de diámetro, engrasados y enharinados; cuchillo de sierra largo y espátula larga.

Procedimiento

Panes de vainilla y blueberries

1. Precalienta el horno a 180 °C.

2. Bate los huevos con el azúcar durante 10 minutos o hasta que se esponjen. Incorpora el extracto de vainilla sin dejar de batir.

3. Añade poco a poco a los huevos batidos la harina, mezclándola con movimientos envolventes. Después, añade de la misma forma los *blueberries*.

4. Distribuye la mezcla en los moldes. Hornea los panes durante 25 minutos o hasta que al insertarles un palillo en el centro, éste salga limpio. Déjalos enfriar.

Betún de limón

1. Acrema la mantequilla, añadiéndole poco a poco el azúcar glass hasta obtener una mezcla sin grumos y ligera.

2. Agrega el queso crema y la ralladura de limón y mezcla hasta obtener un betún terso.

Montaje

1. Desmolda los panes de vainilla y *blueberries* y hazles un corte horizontal en la parte superior con el cuchillo de sierra para emparejarlos.

2. Pon uno de los panes sobre un platón, úntale una tercera parte del betún con la espátula y añádele la mitad de los *blueberries*. Coloca encima el pan restante y cubre todo el pastel con el resto del betún. Decora con los *blueberries* restantes y con ralladura de limón amarillo.

El concierto de mi grupo favorito

Con el olor a pan recién horneado suceden cosas increíbles.

Planeamos ir temprano al concierto de nuestro grupo favorito y tener el mejor lugar. Llevamos panes de changuitos para mantenernos ocupados mientras esperábamos.

Estos panes se llaman así por su forma. Es divertido prepararlos y aún más divertido comerlos. La fila daba la vuelta al estadio. El olor de nuestros panes flotó en el aire y bailando entre la gente llegó hasta el grupo. Tenían hambre, habían ensayado todo el día.

¡No lo pudieron resistir! Salieron a buscar de dónde venía ese delicioso aroma. Nosotros gritamos de emoción al verlos. Nos colocaron en la primera fila. Si vas a un concierto, lleva algo así de rico. Nunca sabes lo que puede pasar.

Malteada de galletas

Ingredientes
para 4 malteadas

4 bolas (400 g) de helado de vainilla
2½ tazas (600 ml) de leche
12 galletas de chocolate rellenas
   de crema (120 g)

Procedimiento

1. Licua todos los ingredientes hasta obtener trozos pequeños de galleta. Sirve las malteadas de inmediato.

Nota

Decora las malteadas con crema batida y galletas de chocolate troceadas al gusto.

Panes de changuitos

Ingredientes para 8 panes

Masa

1 cucharada (10 g) de levadura en polvo
¼ de taza (60 ml) de agua tibia
3 tazas (720 g) de harina
1 taza (240 ml) de leche tibia
¼ de taza (40 g) de miel de abeja
1 huevo (50 g)
1 yema (20 g)
1½ cucharaditas (6 g) de sal
5 cucharadas (75 g) de mantequilla a temperatura ambiente, acremada

Relleno

½ taza (60 g) de pasitas
½ taza (120 ml) de agua caliente
½ taza (100 g) de azúcar mascabado
½ cucharada (4 g) de canela molida
½ taza (100 g) de mantequilla derretida
½ taza (60 g) de arándanos deshidratados

Para decorar

½ taza (150 g) de mermelada de chabacano
1 cucharada (15 ml) de yogur natural sin azúcar
½ taza (60 g) de azúcar glass

Procedimiento

Masa

1. Disuelve la levadura en el agua tibia y mezcla 1 cucharada de la harina. Déjala reposar 5 minutos.

2. Combina en el tazón de la batidora, con el gancho, la leche tibia, la miel de abeja, el huevo, la yema y la sal. Incorpora, sin dejar de batir y gradualmente, la harina.

3. Añade la mezcla de levadura y amasa durante 8 minutos o hasta obtener una masa suave y elástica. La masa del pan de changuitos es muy húmeda, no le agregues más harina.

4. Por último añade, poco a poco y sin dejar de amasar, la mantequilla.

5. Forma una bola con la masa, ponla en el tazón y cúbrela con un trapo de cocina. Déjala reposar en un lugar tibio durante 1½ horas o hasta que duplique su volumen.

6. Enharina ligeramente tus manos y forma bolas del tamaño de una canica con la masa. Ponlas sobre un trapo enharinado y cúbrelas con otro trapo mientras preparas el relleno.

Utensilios especiales

Batidora eléctrica, 1 tazón grande engrasado, 8 moldes para panqués individuales forrados con papel siliconado o capacillos y brocha.

Relleno

1. Remoja las pasitas en el agua caliente durante 15 minutos y escúrrelas.

2. Mezcla en una charola el azúcar con la canela.

3. Sumerge las bolas de masa, una por una, en la mantequilla y revuélcalas en el azúcar con canela.

4. Coloca las bolas cubiertas en los moldes, alternando con las pasitas y los arándanos. Deberás llenar los moldes a la mitad. Báñalos con la mantequilla que te haya sobrado.

5. Déjalos reposar durante 30 minutos o hasta que hayan aumentado su tamaño. Precalienta el horno a 180 °C.

6. Hornea los panes durante 35 minutos o hasta que estén dorados.

Decoración

1. Deja entibiar los panes y barnízalos con la mermelada de chabacano.

2. Prepara un glaseado, mezclando el yogur con el azúcar glass.

3. Introduce el glaseado en una bolsa de plástico resellable y hazle un pequeño orificio en una de las puntas. Decora los panes con algunas tiras de glaseado.

Pudines de plátano

Ingredientes para 6 pudines

Dulce cremoso de vainilla

½ lata (200 g) de leche condensada
2 yemas (40 g)
2 cucharadas (16 g) de fécula de maíz
1 taza (240 ml) de leche
1 cucharada (15 ml) de extracto de vainilla
3 cucharadas (45 g) de mantequilla

Para el montaje

1 taza (240 ml) de crema para batir
2 cucharadas (30 g) de azúcar
1 taza (90 g) de galletas de vainilla molidas, no muy finamente
3 cucharadas (45 g) de mantequilla a temperatura ambiente, acremada
2 plátanos tabasco (400 g), cortados en rodajas
12 cigarrillos de galleta
6 cerezas en almíbar, escurridas
nueces picadas, al gusto
chocolate oscuro derretido, al gusto

Utensilios especiales

6 vasos o frascos con capacidad de 1 taza.

Procedimiento

Dulce cremoso de vainilla

1. Bate la leche condensada con las yemas y la fécula de maíz.

2. Hierve la leche en una cacerola sobre el fuego. Viértela poco a poco en la mezcla de yemas, batiendo constantemente para que los huevos no se cuezan. Vierte todo en la cacerola y ponla de nuevo sobre el fuego.

3. Calienta la preparación sin dejar de moverla durante 5 minutos o hasta que espese. Retira la cacerola del fuego.

4. Agrega el extracto de vainilla y la mantequilla, mezcla hasta obtener una mezcla homogénea y deja enfriar.

Montaje

1. Bate la crema con el azúcar hasta que forme picos firmes.

2. Combina las galletas con la mantequilla, hasta obtener una especie de moronas.

3. Distribuye las moronas de galleta en el fondo de los vasos o frascos, agrega encima un poco de la crema batida y distribuye las rodajas de plátano y el dulce de vainilla.

4. Decora con el resto de la crema batida, las nueces y el chocolate derretido. Refrigera los pudines durante 20 minutos y sírvelos con los cigarrillos de galleta y las cerezas.

Mi primer festival de ballet

Mi amiga Julieta no tiene ritmo. Es la más aplicada en la clase de ballet; le encanta bailar, pero simplemente se pierde en la música.

Se acercaba la fecha de nuestro festival y estábamos muy nerviosas. Ensayábamos de día y de noche. Todas en fila, al mismo compás, y Julieta por todos lados.

Quise darle a mis amigas un regalo especial para esta fecha. Les preparé panqués de limón miniatura y orejitas con canela. Las envolví en la misma tela de nuestros tutús.

A Julieta le encantaron las orejitas, ¡tanto, que se comió como diez! El día del festival no perdió ni un paso, todo estuvo perfecto y siguió el ritmo de la música súper bien. ¡Algo hicieron mis orejitas con sus orejitas!

Orejitas con canela

Ingredientes para 20 orejitas

1 taza (100 g) de azúcar
1 cucharadita (4 g) de sal
1 cucharada (8 g) de canela molida
200 g de pasta hojaldre

Utensilios especiales

Rodillo, charolas para hornear antiadherentes y rejilla.

Procedimiento

1. Precalienta el horno a 200 °C.

2. Combina el azúcar con la sal y la canela.

3. Pon la mitad de la mezcla de azúcar sobre la mesa, coloca encima la pasta hojaldre y espolvorea el resto de la mezcla de azúcar en la superficie de la pasta. Extiéndela con el rodillo hasta que tenga ½ centímetro de grosor. Corta un cuadro de pasta de 38 centímetros por lado.

4. Enrolla dos de los extremos opuestos del cuadro hacia el centro del mismo, hasta que se junten. Corta el rollo resultante en rodajas de 1 centímetro de grosor. Colócalas en las charolas y refrigéralas 20 minutos para que no se extiendan demasiado cuando las hornees.

5. Hornea las orejitas durante 6 minutos o hasta que estén doradas. Con mucho cuidado, dales la vuelta y hornéalas 5 minutos más o hasta que estén doradas del lado contrario.

6. Déjalas enfriar sobre la rejilla.

Panqués de limón miniatura

Procedimiento

Glaseado de limón

1. Combina el jugo y la ralladura de limón con el azúcar glass. Si es necesario, agrega un poco más de jugo de limón para obtener una consistencia ligera.

2. Distribuye el glaseado en tres tazones y pinta cada uno con un poco de los colorantes que hayas elegido.

Panqués de limón

1. Precalienta el horno a 180 °C.

2. Bate los huevos con la leche, el extracto de vainilla y la ralladura de limón.

3. Mezcla en la batidora, con el batidor globo, el azúcar, la harina, el polvo para hornear y la sal.

4. Agrega a la mezcla de harina la mantequilla y la mitad de la mezcla de huevo con leche. Bate a velocidad baja hasta hasta que las preparaciones se integren; después, sube la velocidad al máximo y bate durante 1 minuto.

5. Añade el resto de la mezcla de huevo y leche, en dos tandas, batiendo y raspando el fondo del tazón antes de añadir la siguiente.

6. Distribuye la preparación en los moldes. Hornéalos durante 40 minutos o hasta que los panqués estén cocidos y ligeramente dorados. Déjalos entibiar y desmóldalos.

7. Baña los panqués con el glaseado de limón y déjalos secar.

Vanila va a una competencia

Invité a mis amigos a la competencia de Vanila. La bañé y peiné. Entrenamos saltar y dar vueltas. ¡Lo hacía muy bien!

En la audiencia estaban mis amigos sentados bajo el sol y tomando las chamoyadas que preparamos para la ocasión.

Todo iba muy bien hasta que Vanila vio en el público a Churro, el perrito travieso de mi prima. Se estaba comiendo los premios de galleta que había hecho para ella.

Vanila corrió hasta donde estaba sentado Churro y tiró todo lo que le estorbaba a su paso por el escenario: las banderas, la pista y hasta las sillas de los jueces. Eso de defender sus galletas es algo serio. Se quedó sin trofeo, pero Vanila siempre será una campeona para mí.

Premios para Vanila

Ingredientes para 14 galletas

2 tazas (280 g) de harina integral
1 taza (120 g) de trigo quebrado
3 cucharadas (30 g) de germen
  de trigo
1 huevo (50 g)
1 taza (240 ml) de caldo de res
  concentrado

Utensilios especiales

Rodillo, cortadores para galleta en forma de hueso de 6 cm o de la figura de tu preferencia y charolas para hornear antiadherentes.

Procedimiento

1. Precalienta el horno a 180 °C.

2. Coloca en un tazón la harina, el trigo quebrado y el germen.

3. Haz, con la mano, un pequeño orificio al centro de la mezcla y coloca dentro el huevo y el caldo de res. Mezcla todos los ingredientes amasando con las manos hasta obtener una masa firme, pero fácil de amasar; si es necesario, puedes agregarle un poco más de caldo.

4. Extiende la masa con el rodillo hasta que tenga un grosor de ½ centímetro. Corta la masa con los cortadores y coloca las figuras en las charolas.

5. Hornea las galletas durante 20 minutos o hasta que estén secas y ligeramente doradas.

Chamoyada

Ingredientes para 4 chamoyadas

1 taza (240 ml) de jugo de naranja
1 taza de cubos de hielo
½ taza (120 ml) de jugo de piña
½ taza (120 ml) de chamoy líquido
3 cucharadas (30 g) de piña deshidratada y enchilada, picada finamente
3 cucharadas (30 g) de mango deshidratado y enchilado, picado finamente
3 cucharadas (30 g) de chabacano deshidratado y enchilado, picado finamente
esferas dulces de tamarindo, al gusto

Utensilios especiales

Licuadora y 4 vasos con capacidad de 240 ml.

Procedimiento

1. Vierte el jugo de naranja en una charola para hacer cubos de hielo y congélalo durante 2 horas o hasta que se haya endurecido. Licua los cubos de jugo de naranja congelados con los hielos y el jugo de piña hasta obtener la consistencia de un *frappé*.

2. Combina el chamoy con las piñas, mangos y chabacanos picados.

3. Pon en el fondo de los vasos un poco de la mezcla de chamoy, sirve el *frappé* de piña con naranja y distribuye encima el resto de la mezcla de chamoy.

4. Decora las chamoyadas con las esferas de tamarindo.

Un fantasma en la cocina

Tal vez mis panecitos de muerto no estaban tan ricos. Lo cual me pareció extraño, pues los preparé con la receta antigua de mi tía.

Dejé los panecitos sobre la mesa y al día siguiente amanecieron rotos en el piso. Es por eso, que creo que a alguien no le gustaron. Así pasó un par de veces. Era un gran misterio.

Una noche decidí esperar para ver si era el fantasma de la tía protestando por haber hecho algo mal con su receta. Vi sombras moverse y escuché ruidos extraños. Temblaba de miedo.

¡De repente, un estruendo! Eran mis panecitos cayendo al suelo. Había un trapo blanco flotando por el cuarto. Prendí la luz y, ¡qué sorpresa!

Era Vanila escondida, buscando qué comer, arriba de la mesa.

Panecitos de muerto con chispas de chocolate y canela

Ingredientes para 14 panes individuales

2½ tazas (350 g) de harina cernida
1 cucharada (10 g) de levadura en polvo
½ taza (120 ml) de leche tibia
⅓ de taza (80 ml) de agua tibia
½ taza (100 g) de azúcar
1 cucharadita (4 g) de sal
1 cucharada (15 ml) de agua de azahar o de ralladura de naranja (5 g)
2 huevos (100 g)
3 yemas (60 g)
½ taza (100 g) de mantequilla a temperatura ambiente
1½ tazas (270 g) de chispas de chocolate

Para decorar

1 huevo (50 g) ligeramente batido
1 taza (200 g) de mantequilla derretida
azúcar mezclada con canela molida al gusto

Utensilios especiales

Batidora eléctrica con gancho,
1 tazón grande engrasado, charolas para hornear antiadherentes y brocha.

Procedimiento

1. Mezcla en un tazón 1 cucharada de la harina con la levadura y la mitad de la leche y del agua tibias; deja reposar durante 10 minutos.

2. Mezcla en la batidora la harina restante con el azúcar, la sal, el agua de azahar o la ralladura, la mezcla de levadura y la leche y agua restantes. Agrega poco a poco los huevos y las yemas, batiendo a velocidad baja solo para que se integren; apaga la batidora y déjala reposar durante 5 minutos.

3. Amasa a velocidad media durante 8 minutos o hasta que la masa esté suave y elástica. Después, incorpora la mantequilla poco a poco y sin dejar de batir. La masa será un poco pegajosa, no le añadas más harina. Colócala en el tazón engrasado y déjala reposar a temperatura ambiente durante 3 horas.

4. Incorpora las chispas de chocolate a la masa. Divídela en 14 porciones del tamaño de tu puño. Dales forma de bolas y colócalas en las charolas.

5. Con el resto de la masa, forma 14 bolas pequeñas para los cráneos y 28 tiras para hacer los huesos. Pégalos a las bolas de masa con el huevo batido y déjalas reposar durante 1 hora. Precalienta el horno a 180 °C.

6. Barniza la masa con huevo batido. Hornea los panes durante 30 minutos o hasta que estén dorados. Déjalos entibiar.

7. Barnízalos con la mantequilla y cúbrelos con la mezcla de azúcar con canela.

Panquecitos de naranja

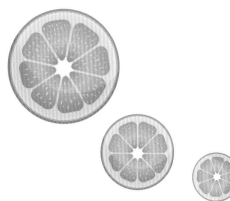

Ingredientes para 6 panqués individuales

Jarabe de naranja

⅓ de taza (80 ml) de jugo de naranja
5 cucharadas (75 g) de azúcar

Glaseado de naranja

4 cucharadas (60 ml) de jugo de naranja
1½ tazas (180 g) de azúcar glass
1 cucharada (5 g) de ralladura de naranja

Panquecitos de naranja

3 huevos (150 g)
3 cucharadas (45 ml) de leche
1 cucharada (15 ml) de extracto de vainilla
1 cucharada (5 g) de ralladura de naranja
¾ de taza (150 g) de azúcar, molida en la licuadora
1¼ tazas (175 g) de harina
1½ cucharaditas (3 g) de polvo para hornear
½ cucharadita (2 g) de sal
¾ de taza + 2 cucharadas (180 g) de mantequilla a temperatura ambiente

Utensilios especiales

Batidora eléctrica y 6 moldes para panqués o roscas individuales.

Procedimiento

Jarabe de naranja

1. Cuela el jugo de naranja y colócalo en una cacerola con el azúcar.

2. Pon la cacerola sobre fuego medio y mezcla constantemente hasta que el azúcar se disuelva y la preparación se espese. No dejes que hierva. Deja enfriar el jarabe.

Glaseado de naranja

1. Mezcla todos los ingredientes hasta que obtengas un glaseado sin grumos.

Panquecitos de naranja

1. Precalienta el horno a 180 °C.

2. Bate los huevos con la leche, el extracto de vainilla y la ralladura de naranja.

3. Mezcla en la batidora, con el batidor globo, el azúcar, la harina, el polvo para hornear y la sal.

4. Agrega la mantequilla y la mitad de la mezcla del huevo y leche; bate a velocidad baja y, cuando se integren, sube la velocidad y bate durante 1 minuto.

5. Incorpora la mezcla de huevo restante en dos tandas, batiendo y raspando el fondo del tazón antes de añadir la siguiente.

6. Distribuye la preparación en los moldes. Hornea los panquecitos durante 40 minutos o hasta que estén ligeramente dorados.

7. Déjalos entibiar 2 minutos y pícalos en varios lados con un palillo. Baña cada uno con un poco del jarabe de naranja.

8. Déjalos entibiar, desmóldalos y decóralos con el glaseado de naranja justo antes de servirlos.

La pijamada más divertida

Todas mis amigas vinieron a dormir a mi casa.

Cocinamos una deliciosa *fondue*; una larga baguette rellena de ricos ingredientes y unos increíbles *s'mores*. Contamos historias de miedo y de risa. Nos pintamos las uñas e hicimos trenzas. Peleamos la mejor batalla de almohadas y levantamos una tienda de campaña con todas las sábanas. Adivinamos con mímica y oímos música. Hicimos de todo, menos tratar de dormir, porque queríamos estar despiertas hasta el amanecer.

Cuando empezó a hacer frío y buscamos nuestros calcetines, nos dimos cuenta de que Vanila había hecho una camita con todos ellos. No los pudimos mover, estaba tan tranquila. "¡No importa!, les dije a mis amigas, ¿Quién quiere ver al sol salir?"

Fondue de queso

Ingredientes para 6 porciones

½ diente de ajo
1 taza (240 ml) de leche
1 cucharada (8 g) de fécula de maíz
1 taza (100 g) de queso *gruyère* rallado
1½ tazas (150 g) de queso cheddar suave, rallado
sal y pimienta al gusto

Para servir

ingredientes al gusto: cubos de diferentes tipos de pan, jitomates *cherry*, pretzels, pasta cocida, cubos de manzana o pera, cubos de jamón, salchichas coctel, floretes de brócoli o coliflor cocidos, o lo que se te antoje para acompañar la *fondue*.

Utensilios especiales

Cacerola para *fondue* con tenedores largos.

Procedimiento

1. Frota la mitad del diente de ajo por el lado del corte en toda la cacerola para *fondue*. Añádele la leche y disuelve en ella la fécula de maíz. Pon la cacerola a fuego bajo y mueve hasta que la preparación se espese.

2. Agrega los quesos rallados, poco a poco y sin dejar de mover. Deja hervir hasta que espese y añade sal y pimienta al gusto.

3. Pon la cacerola con la *fondue* sobre la mesa y acompáñala con tus ingredientes favoritos. Insértalos en los tenedores y después sumérgelos en el queso.

Consejo

Puedes sustituir los quesos por la misma cantidad de queso manchego, gouda o mozzarella seco.

Baguette

Ingredientes
para 6 porciones

2 cucharadas (30 g) de mantequilla
1 pera descorazonada (200 g),
    cortada en rebanadas
4 cucharadas (60 g) de mayonesa
4 cucharadas (80 g) de salsa cátsup
4 cucharadas (60 g) de mostaza
1 cucharada (18 g) de miel de abeja
1 baguette
12 rebanadas (300 g) de queso
    manchego
12 rebanadas (350 g) de jamón
    de pierna
6 hojas de lechuga troceadas

Consejo

Envuelve la baguette con 6 tiras
de papel encerado de 5 centímetros de
grosor, amárrales encima 1 trozo
de hilo para que no se muevan. Esto
te ayudará a dividir la baguette en
6 pedazos de tamaños similares.
Corta entre cada una de las tiras
para obtener las porciones.

Procedimiento

1. Pon sobre el fuego un sartén con la
mantequilla; cuando se caliente, añade las
rebanadas de pera y cocínalas por ambos
lados hasta que se doren. Resérvalas.

2. Combina la mayonesa con la salsa cátsup
y, aparte, combina la mostaza con la miel
de abeja.

3. Parte la baguette por la mitad. Unta
la parte de arriba con la mezcla de
mayonesa y la base con la mezcla
de mostaza.

4. Distribuye sobre la base las rebanadas
de queso, de jamón y de pera, así como
las hojas de lechuga.

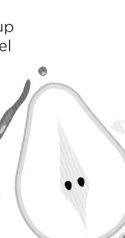

S'mores de galletas crujientes de miel

Ingredientes para 12 s'mores

Galletas crujientes de miel

½ taza (70 g) de harina integral
½ taza (70 g) de harina
¼ de taza (50 g) de azúcar
1 cucharadita (3 g) de canela molida
½ cucharadita (2 g) de bicarbonato
1 huevo (50 g) ligeramente batido
2 cucharadas (35 g) de miel de abeja

2 cucharadas (30 g) de mantequilla
a temperatura ambiente, acremada
2 cucharadas (30 ml) de leche
1 cucharadita (5 ml) de vinagre
de manzana
⅓ de taza de azúcar (65 g)
mezclada con 2 cucharadas (16 g)
de canela molida

S'mores

12 tabletas de chocolate
(120 g), troceadas
2 tazas (100 g) de malvaviscos
miniatura

Utensilios especiales

2 tapetes de silicón o 2 hojas de papel siliconado, rodillo, charolas para hornear antiadherentes y soplete.

Procedimiento

Galletas crujientes de miel

1. Mezcla en un tazón ambas harinas, el azúcar, la canela molida y el bicarbonato.

2. Bate en otro tazón la mitad del huevo, la miel, la mantequilla, la leche y el vinagre.

3. Mezcla ambas preparaciones con las manos hasta obtener una masa uniforme.

4. Aplánala, introdúcela en una bolsa de plástico y refrigérala durante 1 hora como mínimo.

5. Extiende la masa entre los tapetes de silicón o las hojas de papel siliconado hasta que tenga un grosor de 4 milímetros.

6. Corta la masa en 12 rectángulos y colócalos en las charolas. Pícalos en varias partes de su superficie con un tenedor, barnízalos con el huevo restante y espolvoréalos con la mezcla de azúcar y canela.

7. Refrigéralos durante 20 minutos. Precalienta el horno a 170 °C.

8. Hornea las galletas durante 8 minutos o hasta que se despeguen fácilmente de la charola, sin dorarse. Déjalas enfriar en la charola.

S'mores

1. Despega las galletas de la charola y distribúyeles encima el chocolate troceado y los malvaviscos miniatura.

2. Dora los malvaviscos con un soplete o pon los *s'mores* debajo del asador del horno para que se doren.

Un regalo diferente para Navidad

Santa Claus ya no quiere más galletas. Lo dijo mi primo tan seguro que nadie dudó.

Realmente estábamos preocupados porque en Navidad hay mucho por hacer: envolver regalos, escribir tarjetas, ir a posadas, entre otras cosas. Si no hacemos galletas en Navidad, ¿qué le vamos a regalar a Santa y a todos nuestros amigos?

¡Mazapán! Hicimos mazapanes con almendras y azúcar. Los decoramos y empacamos para repartir en Navidad; preparamos suficientes para nuestros amigos, sus amigos y los amigos de sus amigos.

Teníamos tantos que formaron una montaña. Lo mejor de esas fechas es repartir amor y compartir lo mejor de nosotros.

Regalitos de mazapán

Ingredientes

Ingredientes
para 16 regalos

2 tazas (200 g) de almendras
molidas muy finamente

1⅔ tazas (200 g) de azúcar glass
+ cantidad suficiente para
espolvorear

1 clara (30 g)

1 taza (180 g) de chocolate oscuro
troceado

¼ de taza (45 g) de chocolate
blanco troceado

grageas de colores, al gusto

Utensilios especiales

Rejilla y 1 manga pastelera con duya
lisa de 2 mm.

Procedimiento

1. Mezcla las almendras con el azúcar glass y la clara hasta que obtengas una masa tersa. Refrigérala durante 30 minutos.

2. Espolvorea la mesa con un poco de azúcar glass y extiende encima la masa hasta que tenga un grosor de 1.5 centímetros. Córtala en cubos.

3. Derrite a baño maría el chocolate oscuro y el blanco por separado. No deben calentarse demasiado.

4. Pon los cubos de mazapán sobre una rejilla y báñalos con el chocolate oscuro. Déjalos secar.

5. Introduce el chocolate blanco en la manga y decora con él los cubos de mazapán, así como con las grageas.

Coronitas navideñas

Procedimiento

1. Precalienta el horno a 120 °C.

2. Bate las claras, con una batidora eléctrica, hasta que estén espumosas. Agrega gradualmente el azúcar y continúa batiendo hasta que la mezcla forme picos firmes.

3. Incorpora con movimientos envolventes el azúcar glass al merengue.

4. Distribuye la mezcla en 4 tazones; reserva uno y al resto agrégales un poco de colorante verde o azul en diferentes concentraciones para obtener distintos tonos.

5. Introduce los 4 merengues en cada una de las mangas. Forma las coronas sobre el papel siliconado, creando aros hechos con puntos de merengue de distintos colores. Decóralas con grajeas.

6. Hornea las coronas durante 25 minutos o hasta que el merengue esté seco, pero no dorado. El tiempo puede variar según su grosor y tamaño. Déjalas enfriar antes de servirlas.

Palitos para chocolate caliente

Ingredientes para 16 palitos

⅔ de taza (120 g) de chocolate oscuro troceado
1 cucharada (5 g) de cocoa
3 cucharadas (30 g) de azúcar glass
1 pizca de sal
½ taza (25 g) de malvaviscos miniatura
½ taza (40 g) de dulces de menta pulverizados
leche al gusto

Utensilios especiales

1 manga pastelera con duya lisa de 5 mm, tapete de silicón y 16 palitos de madera.

Procedimiento

1. Derrite el chocolate a baño maría.

2. Mezcla el chocolate derretido con la cocoa, el azúcar glass y la sal; déjalo entibiar para que la mezcla no esté tan fluida.

3. Vierte la mezcla en la manga y forma sobre el tapete de silicón líneas un poco más cortas que los palitos de madera; después inserta éstos en el centro de las líneas de chocolate.

4. Refrigéralos hasta que endurezcan un poco, pero sigan suaves.

5. Pon los malvaviscos y los dulces pulverizados en un plato extendido. Rueda los palitos de chocolate en la mezcla hasta cubrirlos.

6. Déjalos endurecer por completo a temperatura ambiente.

7. Calienta la leche al momento de servir y agrega a cada taza uno o dos palitos de chocolate; muévelo para que se disuelva.

Me gusta tanto la pastelería porque es...

Aprender de la historia de mi familia, mi ciudad, mi país y el mundo.

Disfrutar tradiciones y crear nuevas.

Aprovechar lo mejor de la naturaleza.

Compartir y divertirme con mis amigos.

Crear usando mi imaginación.

Regalar lo mejor de mí a todas las personas que quiero.

Y por supuesto, ¡comer cosas muy ricas!

Glosario

Acetato. Lámina plástica que se utiliza en repostería para modelar chocolate o pastas, así como para forrar moldes; evita que las preparaciones que no se hornean, se peguen a las superficies de trabajo.

Acremar. Mezclar o batir un ingrediente o una preparación hasta suavizarla para que adquiera una consistencia cremosa. Utilizar una batidora eléctrica con pala es la manera más sencilla de acremar, pero también puedes hacerlo en un tazón con una pala o espátula de madera o silicón.

Amasar. Mezclar con movimientos constantes una masa o pasta utilizando las manos o una batidora eléctrica con gancho. Sirve para combinar los ingredientes y obtener una masa lisa y homogénea.

Baño maría. Técnica con la puedes derretir o calentar delicadamente alimentos y conservarlos calientes por un tiempo. Al utensilio con el que se lleva a cabo está técnica también se le llama baño maría.

Batidor globo. Utensilio de cocina con varillas de acero inoxidable curvas, entrecruzadas y unidas con un mango. Sirve para integrar aire a los batidos de crema o huevo o para mezclar ingredientes con la finalidad de obtener una preparación homogénea.

Batir. Mezclar enérgicamente con un batidor globo manual o una batidora eléctrica un ingrediente o preparación para modificar su consistencia, su aspecto y su color. Existen diferentes puntos de batido:

- Picos suaves: cuando bates crema o claras; al levantar el batidor se formará un pico que se dobla.

- Picos firmes cuando bates crema o claras; al levantar el batidor se formará un pico que se mantiene en su lugar.

- Punto de nieve: cuando bates claras; al levantar el batidor no se forman picos, pero la consistencia es esponjosa y firme.

- Punto de turrón: cuando bates claras; al levantar el batidor se forman picos de consistencia esponjosa y muy firme.

Cernir. Pasar un ingrediente por un colador de malla fina, cernidor o tamiz. Sirve para incorporar aire a los ingredientes y para eliminar grumos.

Cortador para galletas. Utensilio de cocina que sirve para cortar ingredientes, masas y pastas en formas específicas. Los hay de distintos tamaños, formas y materiales.

Duya. Punta de acero inoxidable o plástico con distintos diseños y tamaños. Se colocan en las mangas pasteleras para crear con las preparaciones distintas formas, como estrellas círculos, grecas o líneas.

Espátula. Utensilio de cocina formado por una larga hoja rectangular de punta redondeada de acero inoxidable, plástico o silicón y con un mango. La espátula sirve para untar y cubrir uniformemente un pastel con crema o glaseado o para llegar hasta el fondo de los tazones.

Manga pastelera. Bolsa de tela o plástico en forma de cono. El extremo angosto tiene un orificio donde se coloca la duya. Se emplean para porcionar o distribuir preparaciones y son de gran ayuda para realizar decoraciones.

Mezclar o incorporar con movimientos envolventes. Mezclar delicadamente una preparación con una pala de plástico flexible, comenzando por las orillas y cubriendo la preparación sobre sí misma, realizando movimientos circulares hasta que se homogeinice.

Papel siliconado. Papel recubierto de silicón que ayuda a que no se peguen los productos. En las tiendas de repostería también se le conoce como papel estrella por el diseño de estrellas que poseen algunos de ellos.

Tapete de silicón. Plancha flexible cubierta con silicón que ayuda a que no se peguen los productos. A diferencia del papel siliconado, es fácil de limpiar y tiene una larga vida útil.

Índice de recetas

Índice de ingredientes

Dirección editorial Tomás García Cerezo

Editora responsable Verónica Rico Mar

Coordinación editorial Analuisa Béjar Solar

Asistencia editorial Montserrat Estremo Paredes

Diseño y formación Estudio Creativos

Fotografía Alex Vera Fotogastronómica®

Estilismo Becky Treves

Fotografía complementaria Shutterstock.com

Ilustración de interiores y de portada Rubén Vite Maya

Diseño de portada Ediciones Larousse S.A. de C.V.,
    con la colaboración de Nice Montaño Kunze

Primera edición, septiembre 2016

©2016 Ediciones Larousse, S.A. de C.V.
Renacimiento 180, Colonia San Juan Tlihuaca,
Delegación Azcapotzalco, C.P. 02400, Ciudad de México, México

ISBN 978-607-21-1583-5

www.larousse.com.mx

Impreso en los talleres de Impresora y Editora Infagón Web S. A. de C. V.,
Escobillería núm. 3, Col. Paseos de Churubusco, Delegación Iztapalapa, C. P. 09030, Ciudad de México.